365
FRASES
DE
MOTIVACION
Y
REFLEXION

365 FRASES DE MOTIVACION Y REFLEXION

First edition. November 22, 2023.

ISBN: 979-8223592495

Written by blalel.

"365 FRASES DE MOTIVACION Y REFLEXION"

Lo que podrás encontrar en este libro, son frases que encajaran en cómo te sientes y a dónde quieres ir, no tienen un índice, porque quizás obtengas respuestas a una pregunta que aún no te has hecho, espero que alguna de las frases llegue a ser una semilla de solución a sus problemas.

1. **"Si quieres vivir, prepárate para morir"** (Sigmund Freud)

    Muchas veces en nuestra vida el miedo a la muerte puede limitarnos y no dejarnos vivir.

2. **"He sido un hombre afortunado en la vida: nada me resultó fácil"** (Sigmund Freud)

    Las adversidades nos hacen crecer y probar el sufrimiento nos hace disfrutar cuando logramos nuestras metas.

3. **"Quien piensa en fracasar, ya fracasó antes de intentar; quien piensa en ganar, lleva ya un paso adelante"** (Sigmund Freud)

    La profecía auto cumplida se vuelve una realidad en las personas negativas.

4. **"De error a error se descubre la verdad completa"** (Sigmund Freud)

    Los errores que cometes son de las mejores maneras de aprender.

5. **"El miedo es un sufrimiento que produce la espera de un mal"** (Sigmund Freud)

El miedo es una emoción que tras pasar por nuestros pensamientos adquiere un tono claro u oscuro, el miedo en la mayoría de los casos genera que anticipemos algo malo.

6. **"Uno es dueño de lo que calla y esclavo de lo que habla"** (Sigmund Freud)

Cuando una persona se deja llevar por las maravillas de sus propias palabras, dejando de lado las acciones se vuelve esclavo de lo que habla, pero nunca hace.

7. **"Si la inspiración no viene a mí salgo a su encuentro, a la mitad del camino"** (Sigmund Freud)

Muchas veces la inspiración se aleja de nosotros, en esos casos es mejor ir en su busca, intentando obtener la inspiración.

8. **"Cuando uno no tiene lo que quiere, debe querer lo que tiene"** (Sigmund Freud)

Muchas veces desmerecemos lo que tenemos por esperar algo más, para que en un futuro lleguemos a disfrutar lo que podamos tener, debemos apreciar lo que tenemos actualmente.

9. **"Para crear lo fantástico, primero debemos entender lo real"** (Walt Disney)

La realidad nos inspira, para crear proyectos y nuevas historias.

10. **"Si he aprendido algo en todo este tiempo es que todos queremos que las cosas nos vayan bien. No necesitamos nada fantástico, maravilloso o extraordinario. Si las cosas van bien, somos felices. Porque, la mayoría de las veces, con que vayan bien es suficiente"** (David levithan)

La felicidad reposa sobre lo simple.

11. **"Me encanta la vida. Creo que es fantástica. A veces se trata de cosas difíciles, y cuando se trata de grandes cosas, tienes que aprovecharlas"** (Sam Taylor – Wood)

Una manera muy distinta de ver la vida.

12. **"Soy un personaje del libro de alguien cuyo final aún no se ha escrito"** (M. Barreto condado)

Una forma distinta de decir que aún nos falta mucho por hacer.

13. **"Podrías comenzar en un camino que no lleva a ninguna parte más fantástica que desde tus propios escalones de entrada a la acera, y desde allí podrías ir... bueno, a cualquier parte"** (Stephen King)

Sin importar donde hayas iniciado tu camino, el destino lo escoges tú.

14. **"¿Y si la vida como la conoces podría ser mucho más?"** (M. Barreto Condado)

Los límites de nuestras posibilidades son desconocidos.

15. **"Si quieres cambiar el mundo, cámbiate a ti mismo"** (Mahatma Gandhi)

Tal vez la frase más celebre para cambiar el mundo, pronunciada por el célebre líder pacifista hindú

16. **"Un sueño no se hace realidad a través de la magia; toma sudor, determinación y trabajo duro"** (Colin Powell)

Las grandes empresas se basan en la constancia y en las ideas claras.

17. **"El futuro les pertenece a quienes creen en la belleza de sus sueños"** (Eleanor Roosevelt)

No dejes de insistir y seguir aquello que anhelas.

18. **"Si te caíste ayer, levántate hoy"** (H.G. Wells)

No existe otra forma de seguir luchando por nuestros sueños.

19. **"Todos nuestros sueños pueden hacerse realidad, si tenemos el coraje de perseguirlos"** (Walt Disney)

Walt Disney es la persona indicada de cómo debemos alcanzar nuestros sueños.

20. **"Ayer no es sino la memoria de hoy, y mañana es el sueño de hoy"** (Khalil Gibran)

Una forma distinta de entender el paso del tiempo.

21. **"Los problemas no son señales de alto, sino guías en el camino"** (Robert H. schuller)

Cuando algo vale la pena hacer, siempre tendrá dificultades.

22. **"Me gustan más los sueños del futuro que la historia del pasado"** (Thomas Jefferson)

Aprendemos mucho del pasado sin embargo debemos enfocarnos en el futuro.

23. **"Las cosas no tienen que cambiar el mundo para ser importantes"** (Steve Jobs)

Los pequeños cambios pueden tener un impacto en el mundo.

24. **"Solo yo puedo cambiar mi vida. Nadie lo puede hacer por mí"** (Carol Burnett)

Si esperas que las circunstancias lleguen, podrías esperar toda tu vida.

25. **"No mires el reloj; haz lo que hace. Seguir caminando"** (Sam Levenson)

Solo sigue avanzando, confía en ti mismo, que detenerte puede traerte dudas.

26. **"La vida es 10% lo que sucede y 90% el cómo reaccionar ante ella"** (Charles R. Swindoll)

Una muy buena frase para reflexionar.

27. **"Mantente fiel a los sueños de tu juventud"** (Friedrich schiller)

Aquello que nos inspiraba a seguir de niños, probablemente es lo que deberíamos seguir.

28. **"Nunca ganarás si nunca empiezas"** (Helen rowland)

Los sueños están para poder luchar por ellos.

29. **"La calidad no es un acto, es un hábito"** (aristoteles)

La excelencia, ser bueno en algo solo se logra con la constancia, la práctica de muchos años.

30. "La oportunidad no toca la puerta, se presenta cuando derribas la puerta a golpes"

(Kyle Chandler)

Una forma de particular de pensar para todos aquellos que desean algo con ansias.

31. "O encuentro la manera, o la invento" (Philip Sidney)

Palabras correctas para no ser pasivos.

32. "Párate a pensar qué potencial tienes tú para cambiar la realidad" (Juan Armando Corbin)

Siempre tenemos influencia en nuestro entorno, un entorno que podemos cambiar para mejor.

33. "Uno encuentra los límites rozándolos" (Herbert Simon)

Sino intentas nunca sabrás como pudo ser.

34. "Lo peligroso es no evolucionar" (Jeff Bezos)

Existe una necesidad de adaptarnos a los nuevos tiempos.

35. "El secreto de salir adelante es empezar" (Mark Twain)

Sino empiezas no puedes seguir.

36. "Sin lucha no hay progreso" (Frederick douglass)

De la pasividad no surge nada nuevo.

37. **"Sigue tus sueños. Pero asegúrate de divertirte también"** (chris brown)

De nada sirve hacer un camino sino disfrutas el trayecto.

38. **"No hay nada permanente, excepto el cambio"** (Heraclito)

Una muy buena frase filosófica.

39. **"El futuro pertenece a aquellos que se preparan hoy"** (Malcolm x)

Nunca dejes de luchar.

40. **"Deja que tus esperanzas, no tus penas, formen tu futuro"** (Robert H. Shuller)

Sino albergamos esperanza no llegaremos a un buen destino.

41. **"La confianza en uno mismo y el trabajo duro siempre darán éxito"** (Virat

Kohli)

No hay excepciones para esta frase.

42. **"La recuperación comienza desde el momento más oscuro"** (John Major)

Cuando tocas fondo solo te queda ir arriba.

43. **"Las grandes obras se realizan no mediante fuerza sino mediante**

perseverancia"(Samuel Johnson)

Poco a poco formas una obra maestra.

44. **"Cuando no se puede lograr lo que se quiere, mejor cambiar de actitud"**

(Terencio)

Una gran frase de cambio.

45. **"Cada día me miro en el espejo y me pregunto: "Si hoy fuese el último día de mi vida, ¿querría hacer lo que voy a hacer hoy?". Si la respuesta es "No" durante demasiados días seguidos, sé que necesito cambiar algo"** (Steve Jobs)

Una muy buena frase para incitar al cambio.

46. **"Cuando no somos capaces ya de cambiar una situación, nos enfrentamos al reto de cambiar nosotros mismos"** (Viktor Frankl)

Resiliencia es lo que necesitamos para afrontar la vida.

47. **"Nadie puede ser esclavo de su identidad: cuando surge una posibilidad de cambio, hay que cambiar"**(Elliot Gould)

Una muy buena frase sobre desarrollo personal.

48. **"Mejorar es cambiar; así que para ser perfecto hay que haber cambiado a menudo"**(Winston Churchill)

Frase de cambio para el desarrollo personal.

49. **"Debes ser el cambio que deseas ver en el mundo"** (Mahatma ghandi)

Una frase muy celebre mencionada por el líder pacifista hindu.

50. **" El progreso es imposible sin el cambio y aquellos que no pueden cambiar sus mentes no pueden cambiar nada"**(George Bernard Shaw)

Progreso y cambio de actitudes.

51. **"El valiente tiene miedo del contrario; el cobarde, de su propio temor"**(Francisco de Quevedo)

Nuestros pensamientos pueden ser nuestro peor enemigo.

52. "Deja de vender. Empieza a ayudar"(Zig Ziglar)

Esta frase es muy filosófica.

53. "El consumidor olvidará lo que dijiste, pero jamás olvidará lo que le has hecho sentir" (Eric kandel)

La importancia de conectar las emociones con la venta

54. "Haz un cliente, no una venta" (Katherine Barchetti)

La visión a largo plazo, no entiende de ventas, sino clientes recurrentes.

55. "La acción masiva hacia un sueño siempre lleva a un buen resultado" (Anonimo)

Es mejor enfocarnos en un mismo objetivo.

56. "Cualquier persona ve moda en una boutique o historia en un museo. La persona creativa ve historia en una ferretería y moda en un aeropuerto" (Robert Wieder)

Una frase sobre la mente creativa y percibir la realidad publicitaria.

57. "Internet ha convertido lo que solía ser un mensaje controlado y unidireccional en un diálogo en tiempo real con millones de personas" (Danielle Sacks)

Sobre las bondades de las nuevas tecnologías.

58. "Si no eres una marca, serás una mercancía" (Philip Kotler)

Sino trabajas para tus sueños lo harás para el sueño de otros.

59. **"¿Qué esperan los clientes de tu marca? Plantéate esto antes de hacer cualquier paso en falso"**(Helmut Limona)

Tener en cuenta la visión de los clientes, te hará ser mucho más eficiente en tus ventas.

60. **"Si intentas persuadir a alguien de hacer algo, o comprar algo, me parece que deberías utilizar su lenguaje. el lenguaje en el que piensa"**(David ogilvy)

Uno de los aspectos más estudiados en el marketing.

61. **"La creatividad requiere tener el valor de desprenderse de las certezas"**(Erich Fromm)

Cita celebre sobre las mentes creativas.

62. **" La mente humana, una vez ensanchada por una nueva idea, nunca recupera sus dimensiones originales"** (Oliver Wendell Holmes)

Expandir nuestra mente.

63. **"La mayor parte de fracasos vienen por querer adelantar la hora del éxito"** (Amado Nervo)

La paciencia es un factor necesario en un proyecto exitoso.

64. **" La mejor forma de tener una buena idea es teniendo muchas ideas"** (Linus Pauling)

De la cantidad surge la calidad.

65. "No dispares al mundo, apunta al pato" (Frank Scipion)

La precisión es la mejor arma con un presupuesto limitado.

66. "No se dará cuenta de la distancia que ha recorrido hasta que mira alrededor y comprende lo lejos que ha llegado" (sasha azebedo)

La distancia no siempre debe verse como algo negativo.

67. "No hay distancias cuando se tiene un motivo" (Jane Austen)

No importa lo largo que puede ser un camino, siempre que tengas una razón todo sera mas fácil.

68. "Cuando las fuerzas fallan, los ánimos decaen. Solo tú eres capaz de encontrar el aliento entre la maleza" (Juan Armando Corbin)

Una muy buena frase para superar momentos difíciles.

69. "No mires atrás y preguntes: ¿Por qué? Mira adelante y pregúntate: ¿Por qué no?" (Alberto Mur)

Solo debes de enfocarte en el futuro.

70. "Tus circunstancias pueden no ser de tu agrado, pero no han de seguir siendo las mismas si concibes un ideal y luchas por alcanzarlo" (James Allen)

Somos aquello que construimos cuando la vida nos dejó en ruinas.

71. "Dentro de veinte años a partir de ahora te arrepentirás de las cosas que no hiciste, así que suelta las amarras y navega fuera de tu zona de confort, busca el viento en tus velas. Explora, Sueña, Descubre" (Mark Twain)

Una gran frase célebre que nos invita a tomar las riendas de nuestra vida.

72. "La vida es una oportunidad, benefíciate de ella. La vida es belleza, admírala. La vida es un sueño, alcánzalo. La vida es un desafío, enfréntalo, La vida es un juego, juégalo" (Madre Teresa de calcuta)

Una frase de alienta que nos insta a no olvidar disfrutar nuestro trayecto llamado vida.

73. "La gente a la que le va bien la vida es la gente que va en busca de las circunstancias que quiere y, si no, las encuentra" (George Bernard Shaw)

Tomar la iniciativa nos hace ser felices, para no ser esclavos del destino.

74. "No hagas de tu vida un borrador, tal vez no tengas tiempo de pasarlo en limpio" (Anonimo)

Una frase de alienta que nos insta a darnos cuenta que la vida es una sola.

75. "No desistas, la felicidad puede estar a la vuelta de la esquina" (Marta Gargoles)

Nunca sabemos que nos deparara el futuro.

76. "Cuando dejas de perseguir las cosas equivocadas, la correcta llega y te atrapa" (Juan Huarte de San Juan)

Deja ir todo aquello que no te pertenece y déjate llevar por tus sueños.

77. Dos grandes verdades que en ocasiones necesitas recordártelas, especialmente cuando te desanimas o desalientas por alguna razón:

- **Puedes más de lo que te imaginas**

- **Vales más de lo que piensas**

- **Piensa en esto cada vez que caigas**

78. **"La única parte donde el "éxito" aparece antes que el "trabajo" es en el diccionario"** (Vidal Sasoon)

Una verdad inquebrantable.

79. **"En tus objetivos, el tren eres tú, la vía es el camino de la vida y la felicidad un buen paisaje"** (Michael Jordan)

Una gran metáfora de vida.

80. **"El éxito surge de la lucha contra los obstáculos. Sin obstáculos no hay verdadero éxito"** (Samuel Smiles)

No pretendas alcanzar la gloria sin sufrimiento.

81. **"Inténtalo y fracasa, pero no fracases en intentarlo"** (Stephen Kaggwa)

Muy buena frase de consistencia.

82. **"Lo que cuenta no es la fuerza del cuerpo, sino la fuerza del espíritu"** (J.R.R. Tolkien)

Muy buena frase del autor del señor de los anillos.

83. **"El coraje es la más importante de las virtudes, porque sin coraje no puedes practicar ninguna otra virtud consistentemente"** (Maya angelou)

Una muy buena frase para tenerlo como filosofía de vida.

84. **"El que no tiene el coraje suficiente para tomar riesgos no conseguirá nada en la vida"** (Muhammad Ali)

Una frase muy motivadora de este deportista de elite.

85. **"Se necesita coraje para crecer y ser quien realmente eres"** (E.E Cummings)

A veces no llegamos a aceptarnos generándonos problemas.

86. **"El éxito no es el final, el fracaso no es fatal: es el coraje para continuar lo que cuenta"** (Winston Churchill)

Muy buena frase para elevar la moral.

87. **"Coraje es descubrir que puedes no ganar, e intentarlo cuando sabes que puedes perder"** (Tom Krause)

Muy buena manera de describir lo que es el coraje.

88. **"La mayoría de nosotros tenemos más coraje que el que jamás soñaríamos que poseemos"** (Dale Carnegie)

Esta frase muestra algo obvio pero que a menudo es olvidado.

89. **El coraje es la voz silenciosa del final del día que dice "mañana lo intentaré de nuevo"** (Mary Anne Radmacher)

Debemos esforzarnos cada día para lograr nuestros objetivos.

90. **"El coraje no es tener la fuerza para seguir, es seguir cuando no tienes fuerzas"** (Napoleon Bonaparte)

No hay mucho más que agregar a la frase.

91. **"Si quieres conquistar el miedo, no te sientes en casa y pienses sobre ello"**

(Dale Carnegie)

La duda genera pasividad, para solucionar algo siempre debes actuar.

92. **"El valiente podría no vivir para siempre, pero el cauto no vive en absoluto"**

(Ashley L.)

Resumen de la esencia de aprovechar los momentos y no quedarse quietos.

93. **"Un barco está seguro en el puerto, pero para eso no son los barcos"** (Willian

G.T. Sheed)

Debes de salir de tu zona de confort.

94. **"La cosa más importante, tras la disciplina y la creatividad, es atreverse a**

atreverse" (Maya Angelou)

Debemos luchar por algo que incluso parezca imposible.

95. **"Se te dio esta vida, porque eres lo suficientemente fuerte para vivirla"**

(Robin Sharma)

Muy buena frase sobre liderazgo personal.

96. **"El hombre no puede descubrir nuevos océanos al menos que tenga el coraje**

de perder de vista la costa" (Andre Gide)

Es una necesidad salir del lugar donde te sientas comodo.

97. **"La cueva a la que temes entrar contiene el tesoro que deseas"** (Joseph

campbell)

Venciendo tus miedos vivirás plenamente.

98. **"Sólo cuento el número de abdominales cuando empieza a doler"** (Muhammad Ali)

Sacar fuerzas en los momentos de debilidad.

99. **"No reces por una vida sencilla, reza por la fortaleza de resistir una vida dura"** (Bruce Lee)

Esta frase marco a todos aquellos que siguieron a tan reconocido personaje.

100. **"Cáete siete veces, levántate ocho"** (Proverbio Chino)

Frase mundialmente famosa y usada en cualquier ámbito de tu vida.

101. **"No vayas donde guía el camino, ve donde no hay camino y deja huella"** (Ralph Waldo Emerson)

Una frase muy buena para innovar y cambiar lo pre establecido.

102. **"Las personas que mueven montañas comienzan cargando pequeñas piedras"** (Proverbio Chino)

Paso a paso avanzas largas distancias.

103. **"Lo que se encuentra detrás de nosotros y lo que se encuentra ante nosotros son asuntos pequeños en comparación con lo que se encuentra dentro de nosotros"** (Ralph Waldo Emerson)

Para seguir un camino en nuestra vida, primero debemos aceptarnos a plenitud.

104. **"La persona que no se valora a sí mismo, no puede valorar nada ni a nadie"** (Ayn Rand)

Todo empieza con uno mismo.

105. **"Demasiadas personas sobrevaloran lo que no son y subestiman lo que son"** (Malcolm S. Forbes)

Es necesario revisar nuestras prioridades en base a nuestro desarrollo personal.

106. **"Sé fiel a lo que existe dentro de ti"** (Andre Gide)

Responde a tus sueños y no sigas el de otros.

107. **"Nunca es demasiado tarde para ser lo que podrías haber sido"** (George Eliot)

Siempre puedes iniciar una vez más.

108. **"Soy más que mis cicatrices"** (Andrew Davidson)

Tú pasaste por mucho, mucho de ello generaron cicatrices, pero aún más allá de eso es lo que realmente eres.

109. **"Cuando dejas de vivir tu vida basándote en lo que otros piensan de ti, la vida real comienza"** (Shanon L. Adler)

Una vida plena se fundamenta en tu autoestima.

110. **"Uno de los mayores remordimientos en la vida es ser lo que otros querrían que fueras, en lugar de ser tú mismo"** (Shanon L. Adler)

Puedes llegar a arrepentirte por no haber luchado por tus objetivos.

111. **"Permítete a ti mismo disfrutar de cada momento feliz en tu vida"**
(Steve Maraboli)

No te escondas en excusas y disfruta la vida.

112. **"La vida es como una leyenda: no importa que sea larga, sino que esté bien narrada"** (Seneca)

No importa cuánto tiempo estemos vivos sino como lo hacemos.

113. **"A través de lo áspero se llega a las estrellas"** (Seneca)

El camino hacia la felicidad es dificultoso y solo queda afrontar las dificultades.

114. **"La mayor rémora de la vida es la espera del mañana y la pérdida del día de hoy"** (Seneca)

A veces perdemos nuestro presente preocupándonos en nuestro futuro.

115. **"No hay nadie menos afortunado que el hombre a quien la adversidad olvida, pues no tiene oportunidad de ponerse a prueba"** (Seneca)

Al enfrentarnos a los problemas y superarlos, siempre salimos fortalecidos.

116. **"La creatividad viene de un conflicto de ideas"** (Donatella Versace)

Ahí donde las ideas se sumen en el caos, de ahí es donde nace la creatividad.

117. **"Acostada en medio de la desdicha, el alma ve mucho"** (Sofocles)

Cuando la desdicha está con nosotros nos damos cuenta de mucho.

118. **"Importa mucho más lo tú pienses de ti mismo que lo que otros piensen de ti"** (Seneca)

Muestra la necesidad de valorarse uno mismo y limitar la opinión de los demás.

119.   **"La desgracia es la comadrona de las virtudes"** (Louis de Jaucourt)

En desgracia se forman virtudes.

120.   **"Los más desgraciados son los que lloran menos"** (Jean- Baptiste Racine)

Sobre como las personas no expresan sus sentimientos y emociones de forma libre.

121.   **"No es bueno ser desgraciado, pero bueno es haberlo sido"** (Antoine Gombaud)

Es necesaria tener ciertas experiencias para aprender de ellas.

122.   **"En la vida, lo más triste, no es ser del todo desgraciado, es que nos falte muy poco para ser felices y no podamos conseguirlo"** (Jacinto Benavente)

A veces la felicidad está más cerca de lo que imaginamos.

123.   **"El más desgraciado de todos los hombres es el que cree serlo"** (Fenelon)

Cuando nuestro peor enemigo somos nosotros y nuestros pensamientos.

124.   **"Decir lo que sentimos. Sentir lo que decimos. Concordar las palabras con la vida"** (Seneca)

Frase que refleja la importancia de ser sincero con uno mismo y actuar en base a lo que sentimos.

125. **"El infortunio es necesario también para descubrir ciertas minas misteriosas ocultas en la inteligencia humana"** (Alejandro Dumas)

De cada circunstancia que pasamos a lo largo de la vida aprendemos algo.

126. **"Mi vida ha estado llena de terribles desgracias, la mayoría de las cuales nunca sucedieron"** (Michel de Montaigne)

Cuando vives dentro de una mentira.

127. **"Las desgracias, al igual que la fortuna, sólo llegan cuando las hemos buscado con nuestros actos"** (Confucio)

Toda acción tiene una reacción, obtenemos el resultado del camino que seguimos.

128. **"Cuando se está en medio de las adversidades, ya es tarde para ser cauto"** (Seneca)

La prudencia es necesaria para saber cómo actuar, pero tienen un tiempo, debemos saber reaccionar de la mejor forma en el momento.

129. **"La verdadera generosidad para con el futuro consiste en entregarlo todo al presente"** (Albert Camus)

Invita a disfrutar de momentos presentes.

130. **"Un buen día, echando la vista atrás, se dará usted cuenta de que estos años de lucha han sido los más hermosos de su vida"** (Sigmund Freud)

Frase perfecta para apreciar el camino hacia tus sueños.

131. **"Llegó a ser tan sincera en el engaño que ella misma acabó consolándose con sus propias mentiras"** (Gabriel Garcia Marquez)

Cuando llegamos a ser víctimas de nuestras mentiras, nos auto engañamos.

132. **"Aún sopla en mi la optimista esperanza de hallar el puente transitable entre los límites y el infinito"** (Alejandra Pizarnik)

Esperanza.

133. **"Nunca dejes pasar una oportunidad que te haga feliz, aunque a los demás no les guste"** (Oscar wilde)

No te limites a lo que los demás quieren de ti.

134. **"Así es como termina el mundo, no con una explosión, sino con un lamento"** (T. S. Eliot)

Quedarnos con el hubiéramos hecho algo más.

135. **"Esforzarse, buscar, encontrar y no ceder"** (Alfred Lord Tennyson)

La constancia siempre obtiene resultados.

136. **"Sabed que cuando uno es amigo de sí mismo, lo es también de todo el mundo"** (Seneca)

Cuando llegas a entenderte y quererte, tus relaciones con los demás mejoraran.

137. **"No olvides que lo que llamamos hoy realidad fue imaginación ayer"** (Jose Saramango)

Una muy buena frase para reflexionar.

138. **"Yo he sido feliz casi todos los días de mi vida, al menos durante un ratito,incluso en las circunstancias más adversas"** (Roberto Bolaño)

El valor de cada pequeño momento.

139. **"Tus defectos serán más tarde para los otros tus cualidades, siempre que insistas"** (Jean Cocteau)

Solo la constancia puede cambiarles de forma.

140. **"El hecho de que tú no pesques nada no significa que no haya peces ahí afuera"** (Tom waits)

Si aún no consigues nada solo hace falta más constancia para lograrlo.

141. **"Normalmente sólo vemos lo que queremos ver; tanto es así, que a veces lo vemos donde no está"** (Eric Hoffer)

Cuando debemos de cambiar nosotros para lograr algo.

142. **"Lo malo de la vida es que no es lo que creemos, pero tampoco lo contrario"**

(A. Pizarnik)

Una muy buena frase poética.

143. **"Oigo pasar el viento, y creo que solo para oír pasar el viento vale la pena haber nacido"** (Fernando Pessoa)

Cuando llegamos a valorar cada detalle de la vida.

144. **"Hay ciertas cosas que para hacerlas bien no basta haberlas aprendido"** (Seneca)

Para que algo te salga bien debes involucrar emociones, sentir pasión por lo que haces.

145. **"Que jamás te seduzca la idea de que lo que no crea beneficio no tiene valor"** (Arthur Miller)

Cada pequeño detalle genera algo en nosotros.

146. **"Después de todo tú eres la única muralla. Si no te saltas, nunca darás un solo paso"** (L. A. Spinetta)

Los limites los pones tu.

147. **"La fe es el pájaro que canta cuando el amanecer todavía está oscuro"** (R. Tagore)

Tener fe en que algo llegara si seguimos intentando, sin importar el momento en el que nos encontremos.

148. **"A partir de cierto punto no hay retorno. Ese es el punto que hay que alcanzar"** (Franz Kafka)

Darte el empujón donde ya no puedas retroceder.

149. **"Los brazos de la fortuna no son largos. Suelen apoyarse en quien más se acerca a ella"** (Seneca)

Arriesgarte te acerca a tu objetivo, puede que no funcione, pero estarás cada vez más cerca.

150. **"Da un paso atrás, evalúa lo que es importante, y disfruta de la vida"** (Teri Garr)

Solo disfruta la vida.

151. **"El hombre se complace en enumerar sus pesares, pero no enumera sus alegrías"** (Fiodor Dostoyevsky)

Muy buena frase para fijarnos en nuestras alegrías por más pequeñas que sean.

152. **"Uno puede derrochar la vida en habitaciones mal ventiladas, buscando oscuras verdades, buscando, investigando, hasta que uno es demasiado viejo para disfrutar de la vida"** (Jimmy Sangster)

Quizás el momento para disfrutarlo es ahora.

153. **"Si vas a ser un fracaso, al menos sé uno en algo que disfrutes"** (Sylvester Stallone)

Tenemos poco tiempo así que no te centres en el miedo a perder.

154. **"No es lo mucho que tenemos sino lo mucho que disfrutamos, lo que hace la felicidad"** (Charles Spurgeon)

Cuando nos enfocamos en lo que realmente importa.

155. **"Ve con confianza en la dirección de tus sueños. Vive la vida que has imaginado"** (Henry David Thoreau)

Cuando te proyectas hacia tus sueños es más fácil realizarlos.

156. **"A veces tenemos que tocar fondo antes de que sepamos cómo disfrutar, realmente, de la vida"** (Michael Palmer)

En momentos difíciles aprendemos a apreciar los pequeños momentos.

157. **"Si aprendemos a disfrutar de la vida, ahora es el momento, no mañana o el año que viene... El día de hoy debe ser siempre nuestro día más maravilloso"** (Thomas Dreier)

A veces solo debemos lanzarnos a esta aventura llamada vida.

158. **"Admira a quien lo intenta, aunque fracase"** (Seneca)

Por mucho que podamos caer, intentarlo una y otra vez es digno de admiración.

159. **"Ningún hombre es un fracaso si disfruta de la vida"** (William Feather)

Ese pequeño detalle puede cambiar el matiz con el que observas la vida.

160. **"Aquellos que más temen a la muerte son aquellos que disfrutan menos de la vida"** (Edward Abbey)

El miedo nos predispone a quedarnos quietos o escapar.

161. **"No hay más que una vida; por lo tanto, es perfecta"** (Paul Eluard)

Sin importar que vida te toco.

162. **"Jamás se descubriría nada, si nos consideraremos satisfechos con las cosas descubiertas"** (Seneca)

Conformarnos con lo que tenemos por más bueno que sea, nos limitara en conseguir nuevas cosas.

163. **"Todas las aventuras, sobre todo en un nuevo territorio, dan miedo"** (Sally Ride)

No debemos dejarnos vencer por ese miedo.

164. **"Cuando estás a salvo en casa te gustaría estar teniendo una aventura, y cuando estás teniendo una aventura deseas estar a salvo en casa"** (Thornton Wilder)

Muy buena frase para reflexionar sobre la situación en la que estas.

165. **"Un inconveniente es una aventura mal considerada"** (Gilbert K. Chersterton)

Manera distinta de ver un inconveniente.

166. **"La naturaleza nos ha dado las semillas del conocimiento, no el conocimiento mismo"** (Seneca)

El conocimiento que deseas esta allá afuera, solo hace falta descubrirlo.

167. **"Solo se vive una vez. Pero si lo haces bien, una vez es suficiente"** (Mae West)

Haz que solo sea necesario una sola vez.

168. **"Siempre parece imposible… hasta que se hace"** (Nelson Mandela)

Lo único que hace falta es que lo empieces a hacer.

169.   **"Si te sientes perdido en el mundo es porque todavía no has salido a buscarte"** (Nelson Mochilero)

Encontrarte a ti mismo es lo primero que deberías hacer.

170.   **"El gran placer de la vida es hacer lo que la gente dice que no puedes"** (Walter Bagehot)

Dejar de lado la opinión de los demás y aventurarnos en nuestras creencias.

171.   **"El hombre más poderoso es el que es dueño de sí mismo"** (Seneca)

El autodominio y la autoconfianza nos vuelven capaces de labras nuestro futuro.

172.   **"Quien vive temeroso, nunca será libre"** (Quinto Horacio Flaco)

Liberándote de tus miedos puedes empezar a vivir.

173.   **"Si buscas resultados distintos, no hagas siempre lo mismo"** (Albert Einstein)

Una frase muy conocida.

174.   **"El que siempre busca grandezas, alguna vez la encuentra"** (Seneca)

El esfuerzo continuo siempre trae frutos.

175.   **"El optimismo es la fe que conduce al logro. Nada puede hacerse sin esperanza y confianza"** (Helen Keller)

Es el motor de nuestros logros

176.   **"El pesimismo conduce a la debilidad, el optimismo al poder"** (William James)

Nuestros pensamientos nos guían en la forma en la que afrontamos todo.

177. **"Un pesimista ve la dificultad en cada oportunidad; un optimista ve la oportunidad en cada dificultad"** (Winston S. Churchill)

Una muy buena frase para enfocarnos en lo positivo.

178. **"Incluso la noche más oscura terminará y el sol saldrá"** (Victor Hugo)

Todo pasa, nada dura para siempre.

179. **"Nuestra naturaleza está en la acción. El reposo presagia la muerte"** (Seneca)

Somos seres vivos, necesitamos estar activos.

180. **"Mi optimismo lleva botas pesadas y es fuerte"** (Henry Rollins)

En esta frase se muestra un optimismo avasallador.

181. **"Nos podemos quejar porque los rosales tienen espinas o alegrarnos porque los espinos tienen rosas"** (Abraham Lincoln)

El valor que le damos a las cosas reside en nuestra perspectiva.

182. **"Soy optimista. No parece de mucha utilidad ser cualquier otra cosa"** (Winston S. Churchill)

Se muestra la utilidad de esta actitud.

183. **"Nuestras creencias sobre lo que somos y lo que podemos ser determinan con precisión lo que podemos ser"** (Anthony Robbins)

Reflexionemos sobre esta frase.

184. **"No se puede tener una vida positiva y una mente negativa"** (Joyce Meyer)

Estos opuestos no pueden coexistir en una persona.

185. **"Cuando un velero no sabe a qué puerto se dirige, ningún viento es el adecuado"** (Seneca)

La necesidad de fijarnos metas.

186. **"El pesimista se queja del viento; el optimista espera que cambie; el realista ajusta las velas"** (William Arthur Ward)

Una muy buena reflexión sobre el optimismo y las condiciones reales.

187. **"Elige ser optimista, se siente mejor"** (Dalai Lama XIV)

Para una mejor salud emocional.

188. **"Espera lo mejor, prepárate para lo peor"** (Muhammad Ali)

Una mirada diferente al optimismo.

189. **"Los optimistas tienen razón. También los pesimistas. Depende de ti decidir qué vas a ser"** (Harvey Mackay)

Eres tu quien determina como enfrentar las circunstancias.

190. **"Cree que la vida vale la pena y tu creencia ayudará a crear el hecho"** (William James)

Nuevamente a partir de nuestras creencias se genera la realidad.

191. **"No hay árbol más recio y consistente que aquel que el viento azota con frecuencia."** (Seneca)

Las adversidades que se nos presentan en la vida, nos vuelven más fuertes.

192. **"Sólo aquellos que se atreven a fallar en gran medida pueden lograr mucho"** (Robert F. Kennedy)

Debemos perder para aprender a ganar.

193. **"No creo en tomar la decisión correcta, tomo una decisión y la hago correcta"** (Muhammad Ali)

Redirigir nuestras pensamientos hacia lo constructivo.

194. **"Si haces lo que siempre has hecho, conseguirás lo que siempre has conseguido"** (Tony Robbins)

Redirigir nuestra vida a hacer cosas diferentes.

195. **"No hay nada malo en esperar lo mejor, siempre y cuando estés preparado para lo peor"** (Stephen King)

No hay nada mejor que estar preparados ante cualquier circunstancia.

196. **"El mayor riesgo es no tomar ningún riesgo. En un mundo que cambia realmente rápido, la única estrategia que tiene garantizado fracasar es no tomar riesgos"** (Mark Zuckerberg)

Muy buena reflexión de los tiempos actuales.

197. **"Si te das cuenta de lo poderosos que son tus pensamientos, nunca tendrías un pensamiento negativo"** (Peace Pilgrim)

Nuestros pensamientos tienen un gran poder en nuestras vidas.

198. **"La vida es un experimento. Cuantos más experimentos haces, mejor"** (Ralph Waldo Emerson)

Y todo nos da el conocimiento para lograr nuestros objetivos.

199. **"El mayor descubrimiento de mi generación es que un ser humano puede alterar su vida alterando sus actitudes"** (William James)

Y solo se consigue con autocontrol e inteligencia emocional

200. **"Nada grande fue jamás conseguido sin peligro"** (Nicolas Maquiavelo)

Es necesario arriesgarse para conseguir algo que valga la pena.

201. **"El riesgo de una decisión incorrecta es preferible al error de la indecisión"** (Maimonides)

No sabemos lo que sucederá, pero es mejor equivocarse intentando.

202. **"Aprendemos a andar al caer. Si no caemos, nunca aprenderemos a andar"** (Robert T. Kiyosaki)

Es un requisito para tener fortaleza.

203. **"El hombre no es más que el producto de sus pensamientos. Se convierte en lo que piensa"** (Gandhi)

Los pensamientos son nuestra guía en la vida.

204. **"Si renuncias a tus sueños ¿qué queda?"** (Jim Carrey)

Sera renunciar a nuestra vida.

205. **"Hay dos maneras de difundir la luz: ser la vela o el espejo que la refleja"** (Edith Wharton)

Y esta en cada uno de nosotros decidir qué papel vamos a desempeñar.

206. **"El deseo de seguridad se eleva contra toda gran y noble empresa"** (Tacito)

Es una invitación a salir de nuestra zona de confort.

207. **"Optimista es el que os mira a los ojos, pesimista, el que os mira a los pies"** (Gilbert Keith Chesterton)

Y estar con una postura y otra determina como somos.

208. **"No te concentres en los riesgos. Concéntrate en los resultados. Ningún riesgo es tan grande como para prevenir el trabajo necesario a hacer"** (Chuck Yeager)

Simplemente hazlo sin importar que pueda suceder.

209. **"Cada vez que caigas, recoge algo"** (Oswald Avery)

Aprende de cada caída y trata de no volver a tropezar con la misma piedra.

210. **"Debes perder una mosca para atrapar una trucha"** (George Herbert)

Sobre sacrificios para llegar a tu objetivo.

211. **"Si la oportunidad no llama, construye una puerta"** (Milton Berle)

No te sientes a esperar a que la oportunidad correcta llegue.

212. **"Para triunfar, tu deseo de triunfar debe ser más grande que tu miedo de fracasar"** (Bill Cosby)

Ese deseo será tu guía para cumplir tus sueños.

213. **"El fracaso es una gran oportunidad para empezar otra vez con más inteligencia"** (Henry Ford)

Muy buena reflexión sobre como tomar el fracaso.

214. **"A menudo la diferencia entre un hombre exitoso y uno fracasado no son las habilidades o ideas, sino el coraje de apostar por una idea, de tomar riesgos calculados y de actuar"** (Maxwell Maltz)

Es esencia lo que nos falta para tener una vida mas plena.

215. **"Las buenas cosas ocurren todos los días. Solo nos tenemos que dar cuenta de ellas"** (Anne Wilson Schaef)

Tener una visión diferente del mundo.

216. **"Hay derrotas que tienen más dignidad que una victoria"** (Jorge Luis Borges)

Una derrota puede ser el punto máximo de nuestro esfuerzo ya que no todas las vitorias son honestas.

217. **"No tengas miedo de dar un gran paso. Usted no puede cruzar un abismo en dos pequeños saltos"** (David Lloyd George)

Una muy buena frase para reflexionar.

218. **"Si siempre intentas ser normal nunca descubrirás lo extraordinario que puedes llegar a ser"** (Maya Angelou)

Debemos permitirnos explorar más de lo que podemos ser.

219. **"El conocimiento del mundo solo se adquiere en el mundo, y no en un armario"** (Philip Dormer Stanhope Chesterfield)

Nos invita a salir y arriesgarnos.

220. **"Veo al final de mi rudo camino, que yo fui el arquitecto de mi propio destino"** (Amado Nervo)

Cada decisión nos guía al futuro que tendremos.

221. **"La tortuga solo progresa cuando saca su cuello"** (James B. Conant)

Cuando asomas a buscar una oportunidad.

222. **"Si por la noche lloras por no ver el sol, las lágrimas te impedirán ver las estrellas"** (Tagore)

No te enfoques en lo que no podras hacer ya que podemos negarnos a ver algo igual de hermoso.

223. **"El 99% del éxito se construye en el fracaso"** (Charles Kettering)

Los fracasos que nos enseñan por donde no debemos ir.

224. **"Sí, la valentía es una locura, pero llena de grandeza"** (Reynaldo Arenas)

Los caminos y actos que la mayoría no sigue son considerados para personas que perdieron el juicio.

225. **"La mayoría de las personas prefieren tener la certeza de que son miserables, que arriesgarse a ser felices"** (Robert Anthony)

El límite que nos pone el miedo y nuestros pensamientos.

226. **"El conocimiento llega, pero la sabiduría permanece"** (Alfred Tennyson)

Lo que ganamos a través del tiempo y el descubrir de manera constante.

227. **"La necesidad es la madre de correr riesgos"** (Mark Twain)

El empujón que necesitamos quizás se encuentre en la necesidad.

228. **"El amigo seguro se conoce en la ocasión insegura"** (Ennio)

Sobre las amistades leales.

229. **"Cuando alguien te dice que tú no puedes hacer algo, te está mostrando sus límites, no los tuyos"** (Kevin Keenno)

Solo tú conoces tus límites.

230. **"Esclavo es aquel que espera por alguien que venga y lo libere"** (Ezra Pound)

No hay peor esclavitud que desmerecer nuestras potencialidades y ser dependiente de otra persona.

231.   "Solo hay una forma de evitar las críticas: no hagas nada, no digas nada y no seas nada" (Aristoteles)

Al avanzar en el sentido que sea, siempre creara criticas de otras personas.

232.   "El que nada emprendió, nada terminará" (Geoffrey Chaucer)

Debemos empezar en algún momento, el paso más importante es el primero.

233.   "El hombre tiene ilusiones como el pájaro alas. Eso es lo que lo sostiene" (Blaise Pascal)

Las ilusiones nos mantienen en el camino.

234.   "¿Qué sería de la vida, si no tuviéramos el valor de intentar algo nuevo?" (Vincent Van Gogh)

Arriesgar por aquello que da sentido a tu vida.

235.   "Aquel que duda y no investiga, se torna no sólo infeliz, sino también injusto" (Blaise Pascal)

Encontrar conocimiento nos brinda una posición ante la adversidad.

236.   "El que vive prudentemente, vive tristemente" (Voltaire)

Los caminos que no recorremos por el miedo.

237. "Toda persona debe decidir una vez en su vida si se lanza a triunfar, arriesgándolo todo, o si se sienta a ver el paso de los triunfadores" (Thomas Alva Edison)

No existen puntos medios.

238. "No hay árbol que el viento no haya sacudido" (Proverbio Hindu)

Todos vamos a sufrir al enfrentarnos a la realidad.

239. "Dos caminos se bifurcaban en un bosque, y yo tomé el menos transitado. Eso ha hecho toda la diferencia" (Robert Frost)

Muy buena frase para reflexionar.

240. "Si todo el año fuese fiesta, divertirse sería más aburrido que trabajar" (William shakespeare)

La monotonía es lo que genera aburrimiento en nosotros.

241. "La cosa más difícil es conocernos a nosotros mismos; la más fácil es hablar mal de los demás" (Tales de Mileto)

Es mucho más fácil criticar al resto del mundo sin ver nuestras propias características.

242. "Siempre estoy haciendo lo que no puedo hacer, para así aprender cómo hacerlo" (Pablo Picasso)

Sobre como lanzarnos a nuevas experiencias.

243. **"Hay dos clases de hombres: los que viven hablando de las virtudes y los que se limitan a tenerlas"** (Antonio Machado)

Acciones y no palabras.

244. **"Sentir dolor es inevitable. Sufrir es opcional"** (Anonimo)

Nuestra actitud tiene un papel fundamental en el momento de reaccionar frente a las situaciones.

245. **"Caminante no hay camino, se hace camino al andar"** (Antonio Machado)

Avanzar siguiendo nuestra propia brújula.

246. **"Un hoy vale dos mañanas"** (Benjamin Franklin)

Es mucho más valioso el presente que el futuro. Hazlo ahora, no esperes al mañana.

247. **"Guardar rencor es como sujetar un carbón caliente con la intención de lanzárselo a alguien más; es uno el que se quema"** (Anonimo)

La venganza al final solo nos daña a nosotros mismos.

248. **"La vida es un espectáculo magnífico, pero tenemos malos asientos y no entendemos lo que estamos presenciando"** (George clemenceau)

A veces no somos capaces de entender lo hermoso de la vida.

249. "Aprendí que el coraje no era la ausencia de miedo, sino el triunfo sobre él. El valiente no es quien no siente miedo sino aquel que conquista ese miedo" (Nelson Mandela)

El valor no reside en no sentir miedo sino en afrontarlo.

250. "La experiencia no es lo que te sucede, sino lo que haces con lo que te sucede" (Huxley)

Lo que nos define es lo que hacemos con nuestra vida y lo que aprendemos de ella.

251. "Abre tus brazos al cambio, pero no dejes ir tus valores" (Dalai Lama)

Debemos ser flexibles, sin embargo eso no implica que dejemos de ser nosotros.

252. "Nunca pienses que lo sabes todo. Por muy alto que te valores ten siempre el coraje de decirte a ti mismo: soy un ignorante" (Ivan Pavlov)

Referencia al valor de la humildad.

253. "La felicidad de tu vida depende de la calidad de tus pensamientos" (Marco Aurelio)

Lo que pensamos implica mucho en nuestra forma de vida.

254. "No importa lo lento que vayas mientras no pares" (Andy Warhol)

La importancia de la constancia.

255. "El mayor enemigo del conocimiento no es la ignorancia, sino la ilusión del conocimiento" (Stephen Hawking)

Es peor creer erróneamente a no desconocerlo.

256. **"Yo hago lo que usted no puede y usted lo que yo no puedo. Juntos podemos hacer grandes cosas"** (Teresa de calcuta)

La importancia del trabajo en equipo.

257. **"La vida no se trata de encontrarte a ti mismo, sino de crearte a ti mismo"** (George Bernard Shaw)

Nosotros nos forjamos a lo largo de la vida.

258. **"Puede que ser honesto no te consiga amigos, pero siempre te conseguirá los correctos"** (John Lennon)

Mantener la honestidad a pesar de las circunstancias.

259. **"Pensar es fácil, actuar es difícil, y poner los pensamientos de uno mismo en acción es lo más difícil del mundo"** (Goethe)

La dificultad de llevar a cabo nuestras propias ideas.

260. **"Todo aquello que puedas o sueñes hacer, comiénzalo. La audacia contiene en si misma genio, poder y magia"** (Goethe)

Los beneficios de actuar de manera audaz.

261. **"Me he dado cuenta que incluso las personas que dicen que todo está predestinado y que no podemos hacer nada para cambiar nuestro destino igual miran antes de cruzar la calle"** (Stephen Hawking)

Reflexión sobre la inexistencia del destino.

262. **"El que es más lento en hacer una promesa, es el más fiel en mantenerla"** (Rousseau)

Frase de reflexión sobre la fidelidad y el compromiso

263. **"A veces la impaciencia da más frutos que los más profundos cálculos"** (Bernard Shaw)

El valor de la espontaneidad.

264. **"En la vida algunas veces se gana, otras veces se aprende"** (John Maxwell)

El fracasar y no tener éxito implica una nueva oportunidad para lograrlo.

265. **"Vivir es nacer a cada instante"** (Erich Fromm)

Constantemente estamos aprendiendo y modificando nuestra forma de ver el mundo.

266. **"Hay tres frases que nos impiden avanzar: tengo que hacerlo bien, me tienes que tratar bien y el mundo debe ser fácil"** (Albert Ellis)

Sobre las creencias que dificultan nuestra adaptación al mundo.

267. **"La pasión es un sentimiento que te dice: esto es lo que hay que hacer. Nada puede interponerse en mi camino"** (Wayne Dyer)

El valor de la pasión y la perseverancia.

268. **"Nuestra recompensa se encuentra en el esfuerzo y no en el resultado: un esfuerzo total es una victoria completa"** (Gandhi)

Lo importante no es la meta sino el camino para llegar.

269. **"Un hombre tarde o temprano descubre que él es el jardinero maestro de su alma, el director de su vida"** (James Allen)

Nos impulsa a ser responsables de nuestra propia vida.

270. **"Lo que sabemos es una gota de agua, lo que ignoramos es el océano"** (Isaac Newton)

En realidad, conocemos muy poco del mundo e incluso podemos estar equivocados al respecto

271. **"Sé cómo el pájaro que, deteniendo su vuelo un rato en ramas demasiado débiles, siente cómo ceden bajo su peso y sin embargo canta, sabiendo que tiene alas"** (Victor Hugo)

Debemos ser conscientes de nuestra fuerza y nuestro potencial.

272. **"Suerte es lo que sucede cuando la preparación y la oportunidad se encuentran y se fusionan"** (Voltaire)

La suerte no solo se da por el azar, debemos estar preparados para aprovechar la oportunidad.

273. **"Amar no es solamente querer, es sobre todo comprender"** (Francois Sagan)

Comprender algo o alguien para quererlo realmente.

274. **"La mentira más común es aquella con la que un hombre se engaña a sí mismo"** (Nietzsche)

El hombre suele engañarse para facilitarse su existencia.

275. **"La felicidad no es la ausencia de problemas, es la habilidad para tratar con ellos"** (Steve Maraboli)

Muy buena frase para reflexionar sobre la felicidad.

276. **"Tu tarea no es buscar el amor, sino buscar y encontrar las barreras dentro de ti mismo que has construido contra él"** (Yalal ad- Din Muhammad Rumi)

Uno mismo pone las barreraras que dificultan encontrar el amor.

277. **"Se gana y se pierde, se sube y se baja, se nace y se muere. Y si la historia es tan simple, ¿por qué te preocupas tanto?"** (Facundo Cabral)

Referencia a lo innecesario por preocuparse por todo lo que ocurre, acéptalo y enfréntalo.

278. **"Iré a cualquier parte, siempre que sea hacia adelante"** (David Livingstone)

Muestra de la necesidad de avanzar y evitar lo estatico.

279. **"Nuestras vidas se definen por las oportunidades, incluso las que perdemos"** (Scott Fitzgerald)

Lo que hacemos y lo que no, configura nuestra vida.

280. **"La felicidad es interior, no exterior, por lo tanto no depende de lo que**

tenemos, sino de lo que somos" (Pablo neruda)

Como nos sentimos con nosotros mismos y con el mundo.

281. **"Si hubiese observado todas las reglas, no hubiese llegado a ninguna**

parte" (Marilyn Monroe)

En ocasiones es necesario desafiar lo establecido para avanzar.

282. **"No importa lo que hagas en la vida, hazlo de todo corazón"** (Confucio)

Poner empeño en lo que haces y disfrutarlo

283. **"No he fallado. Simplemente he encontrado diez mil formas que no**

funcionan" (Thomas Alva Edison)

El no lograrlo de inmediato sirve para aprender.

284. **"Una persona que nunca cometió un error, nunca intentó nada nuevo"**

(Albert Einstein)

Cuando nos enfrentamos a lo desconocido siempre llegaremos a cometer errores.

285. **"El principal truco para cometer buenos errores es no esconderlos,**

especialmente de sí mismo" (Daniel Dennet)

Cuanto antes reconozcamos un error, antes podremos aprender de el.

286. **"El mayor error que cometen las personas es no ganarse la vida**

haciendo lo que más les gusta" (Malcom Forbes)

Trabajar en lo que nos apasiona y ganar dinero con ello.

287. **"El día tiene ojos, la noche tiene oídos"** (Proverbio)

Muy buena frase para reflexionar.

288. **"Aquellos que sueñan de día tienen conocimiento de muchas cosas que escapan de aquellos que solo sueñan de noche"** (Edgar Allan Poe)

Las mentes creativas, que son capaces de soñar estando despiertos.

289. **"Las estrellas no pueden brillar sin la oscuridad"** (Ester Dean)

Una hermosa realidad, perfecta para reflexionar.

290. **"Puede que no sea mejor, pero al menos soy diferente"** (Jean Jacques Rousseau)

Una personalidad distinta no tiene nada que envidiar a nadie.

291. **"Tu mejor maestro es la última equivocación que tuviste"** (Ralph Nader)

Aquel error ya cometido nos deja aprendizajes, para no volver por ese camino.

292. **"Aprende a manejar tus estados, podrás ser el más talentoso de todos, pero si emocionalmente te dejas vencer, no lograrás nada"** (Jordan Belfort)

El control de tus emociones es muy importante para llegar al éxito.

293. **"No importa cuántos errores cometas o lo lento que sea tu progreso, todavía estás muy por delante de quienes no lo intentan."** (Tony Robbins)

Para avanzar debemos errar, si es necesario mil veces.

294. **"En la vida pasan cosas malas, es cierto. Pero la clave está en ver las cosas tal cual son y no peor de lo que realmente son"** (Jordan Belfort)

Nuestra actitud y los pensamientos que surgen dentro de nosotros nos guían.

295. **"Los resultados que consigues estarán en proporción directa al esfuerzo que aplicas"** (Denis Waitley)

El esfuerzo que emplees se verá reflejado en el resultado.

296. **"El entusiasmo es la madre del esfuerzo, y sin el jamás se consiguió nada grande"** (Ralph Waldo Emerson)

El entusiasmo como combustible para el éxito.

297. **"Los errores, obviamente, nos muestran lo que necesitamos mejorar. Sin errores, ¿cómo sabríamos qué tenemos que trabajar?"** (Peter Mc Williams)

Poder ver nuestras flaquezas nos permite mejorarlas.

298. **"Todos tenemos sueños. Pero para convertir los sueños en realidad, se necesita una gran cantidad de determinación, dedicación, autodisciplina y esfuerzo"** (Jesse Owens)

El esfuerzo y la constancia como pilares para llegar al éxito.

299. **"No hay errores ni coincidencias. Todos los eventos son bendiciones para aprender"** (Elisabeth Kubler-Ross)

Cada situación que pasamos a lo largo a de nuestra vida es un nuevo aprendizaje.

300. "Todo el esfuerzo del mundo no importa si no estás inspirado" (Chuck Palahniuk)

Una muy buena frase para reflexionar.

301. "Es poco sabio estar demasiado seguro de la propia sabiduría. Es saludable recordar que los más fuertes pueden debilitarse y los más sabios pueden equivocarse" (Mahatma Gandhi)

No debemos adelantarnos demasiado en los acontecimientos.

302. "Pon tu corazón, mente, intelecto y alma incluso en tus actos más pequeños. Ese es el secreto del éxito" (Swami Sivananda)

Una forma de direccionar nuestro esfuerzo.

303. "Algunos errores tienen consecuencias más importantes que otros. Sin embargo, no debes dejar que el resultado de tus errores te defina. Tú tienes la opción de no dejar que eso pase" (Jojo Moyes)

Nuestros errores no definen lo que somos, tenemos la capacidad de remediarlo

304. "Para cada esfuerzo disciplinado hay una recompensa múltiple" (Jim Rohn)

La organización y la constancia.

305. "Me alegra no haber prestado atención a los buenos consejos. Si me hubiese guiado por ellos, me habría salvado de los errores más valiosos de mi vida" (Edna St. Vincent)

Las lecciones más valiosas llegan de formas extrañas.

306. **"Si no conocemos nuestra propia historia, entonces, simplemente soportaremos los mismos errores, los mismos sacrificios, los mismos absurdos una y otra vez"** (Aleksandr Solzhenitsyn)

Debemos recordar siempre el pasado, para no tropezar con la misma piedra.

307. **"Tus clientes más infelices son tu mayor fuente de aprendizaje"** (Bill Gates)

De los fallos que estas cometiendo con tus clientes, ayudaran a que esto no vuelva a ocurrir.

308. **"Puedes engañarte en ciertos momentos, vivir un mundo de sueños, pero un sueño no te dará nada"** (Osho)

Sin acciones nada será realidad.

309. **"Hoy en día, la mayoría de las personas mueren a causa del sentido común y descubren, cuando ya es muy tarde, que la única cosa de la que uno no se arrepiente es de sus errores"** (Oscar Wilde)

Ser demasiado precavidos puede limitarnos en la vida.

310. **"En el centro de tu ser tienes la respuesta: ¿sabes lo que eres y sabes lo que quieres?"**(Lao Tse)

Hacernos esta pregunta nos ayudara mucho.

311. **"Para ser irreemplazable, uno debe buscar siempre ser diferente"**
(Coco Chanel)

La diferencia nos permite destacar entre los demás.

312. **"Nadie puede decir nada sobre ti. Lo que diga la gente es sobre ellos
mismos"** (Osho)

Cuando alguien expresa cosas negativas sobre alguien en realidad está hablando
sobre sí misma y las carencias que tiene.

313. **"La vida comienza donde termina el miedo"** (Osho)

El miedo nos paraliza y no nos deja avanzar.

314. **"Las personas estamos capacitadas naturalmente para soportar todo
lo que nos sucede"** (Marco Aurelio)

Somos capaces de afrontar todo lo que la vida pone en nuestro camino.

315. **"Si no vives peligrosamente, no vives. La vida sólo florece en el peligro.
La vida nunca florece en la seguridad. Cuando todo está yendo a la
perfección, fíjate, te estás muriendo y no pasa nada"** (Osho)

Para poder cumplir nuestros sueños debemos tomar riesgos.

316. **"La paciencia es el arte de la esperanza"** (Luc de Clapiers)

La esperanza nos ayuda a ser pacientes.

317. **"La paciencia es necesaria, y no se puede cosechar de inmediato
donde se ha sembrado"** (Soren Kierkegaard)

Los grandes frutos se toman su tiempo antes de madurar.

318. **"¡Disfruta! Si no puedes disfrutar con tu trabajo, cambia. ¡No esperes!"** (Osho)

No tenemos tiempo que perder en nuestra corta vida.

319. **"Los árboles que tardan en crecer llevan la mejor fruta"** (Moliere)

Tener paciencia en nuestros proyectos antes que den frutos.

320. **"Ningún nuevo horror puede ser más terrible que la tortura diaria de lo cotidiano."** (H.P. Lovecraft)

Salir de lo cotidiano es una necesidad.

321. **"La paciencia tiene sus límites, tómala demasiado lejos y es cobardía"** (Holbrook Jackson)

Llegado el momento debemos actuar sin titubear.

322. **"El primer deber de un hombre es pensar por sí mismo"** (Jose Marti)

La influencia social nos limita a lo que los demás quieren de nosotros.

323. **"La falta de ánimo se confunde a menudo con la paciencia"** (Kin Hubbard)

Muy buena frase para reflexionar sobre sus diferencias.

324. **"La paciencia puede conquistar el destino"** (Proverbio Irlandes)

Cualquier viaje tiene un camino, si queremos llegar a nuestro destino debemos tener la paciencia de seguir el camino.

325. **"Con demasiada frecuencia algunos hombres sacrifican el ser al ser distintos"** (Julian Marias)

Con tal de encajar con el resto eliminas tu personalidad.

326. **"El liderazgo es desbloquear el potencial de la gente para hacerlos mejores"** (Bill Bradley)

Un buen líder optimiza y genera desarrollo en los demás.

327. **"Es muy extraño que los años nos enseñan a ser pacientes, que mientras menos tiempo tenemos, mayor es nuestra capacidad para esperar"** (Elizabeth Taylor)

La paciencia es un don que se aprende con la práctica.

328. **"Los grandes egos tienen pequeños oídos"** (Robert Schuller)

Nuestros propios pensamientos no dejan escuchar el pensamiento de los demás.

329. **"Te puedes adornar con las plumas de otro, pero no puedes volar con ellas"** (Lucian Blaga)

Ser auténticos nos dará una vida feliz.

330. **"El verdadero yo es aquel que tú eres, no lo que hicieron de ti"** (Paulo Coelho)

Nuestra real forma de ser puede ser asfixiada por el contexto.

331. **"La paciencia lleva a la perfección"** (Bertrand Regader)

Ser escrupuloso en el trabajo diario es la receta del éxito.

332. **"Solo puedes entender a la gente si las sientes en ti mismo"** (John Steinbeck)

Vernos reflejados en terceras personas es algo que a todos nos puede pasar.

333. **"La vida no es justa, acostúmbrate a ello"** (Bill Gates)

Aceptar esto puede entristecernos, pero es necesario.

334. **"La lectura no es caminar en las palabras; es tomar el alma de ellas"** (Paulo Freire)

Reflexión sobre los conocimientos adquiridos.

335. **Ten en cuenta que "La información es poder"** (Bill Gates)

Muy buena frase para los tiempos actuales.

336. **"La gente me pide a menudo que explique el éxito de Microsoft. Quieren conocer el secreto de cómo se pasa de una actividad que emplea a dos personas y requiere muy poco dinero a una empresa que tiene más de 21 000 empleados y factura más de 8 000 millones de dólares al año. Por supuesto, no hay una sola respuesta y la suerte ha influido en parte, pero creo que el elemento más importante fue nuestra visión original"** (Bill Gates)

Ser innovador y tener ideas originales.

337. **"Trabaja en algo, para que el diablo te encuentre siempre ocupado"** (San Jerónimo)

Frase que puede tomarse de manera metafórica.

338. **"Si hablar es plata, escuchar es oro"** (Proverbio Turco)

Al escuchar podemos absorber la sabiduría del otro.

339. **"Tenemos dos oídos y una boca para escuchar el doble de lo que hablamos"** (Epiteto)

Prestar mayor atención a quienes nos rodean.

340. **"Más confío en el trabajo que en la suerte"** (Proverbio Latino)

La suerte no llega sola.

341. **"Nadie puede hacerte sentir inferior sin tu consentimiento"** (Eleanor Roosevelt)

No debemos dejar que las afirmaciones de otros nos afecten.

342. **"Tu día será bueno si te despiertas sabiendo que construirás un futuro mejor. Si no, tendrás un mal día"** (Elon Musk)

Enfócate en el éxito.

343. **"La vida es demasiado corta para rencores a largo plazo"** (Elon Musk)

Libérate de rencores si quieres llegar a un buen puerto.

344. **"Cualquiera que ha luchado verdaderamente contra una adversidad, nunca lo olvida"** (Elon Musk)

Experiencias que nos marcan y nos hacen ser mejores.

345. **"Es difícil vencer a una persona que nunca se da por vencida"** (Babe Ruth)

Mantente siempre de pie, esforzándote al máximo.

346. **"Dar a un hijo mil onzas de oro no es comparable a enseñarle un buen oficio"** (Proverbio Chino)

Muy buena frase para reflexionar en lo que debemos enseñar.

347. **"El precio es lo que pagas. El valor es lo que recibes"** (Warren Buffett)

Frase memorable en la economía.

348. **"La vida es muy corta como para rodearse de gente que no aporta nada a tu vida"** (Jeff Bezos)

Sobre seleccionar bien nuestras compañías.

349. **"Todo lo que hagamos planteará problemas en el futuro, pero eso no debería echarnos atrás"** (Mark Zuckerberg)

Conforme vayamos avanzando nos encontraremos con problemas mucho más complejos.

350. **"La juventud se trata de cómo vives, no de cuando naciste"** (Karl Legerfeld)

Solo es cuestión de actitud.

351. **"Un hombre exitoso es el que es capaz de construir algo con los ladrillos que otros le han tirado"** (David Brinkley)

Tener un pensamiento constructivo.

352. **"La diferencia entre una persona exitosa y otros no es la falta de fuerza o falta de conocimiento, sino la falta de voluntad"** (Vince Lombardi)

A través de la voluntad y el esfuerzo llegamos a nuestros sueños.

353. **"Solo cuando la oruga creyó que el mundo terminaba se transformó en mariposa"** (Proverbio)

Solo reflexiona.

354. **"Si pretendes que jamás te critiquen, entonces no hagas nada"** (Jeff Bezos)

Siempre que hagas algo existirán las críticas.

355. **"Todos estamos en esta vida para hacer realidad un deseo a largo plazo, cualquier otra cosa es una mera distracción"** (Mark Zuckerberg)

Su visión de vida en una sola frase.

356. **"La experiencia nos dice algo que antes no sabíamos y no podíamos aprender, sin haber tenido la experiencia"** (Ludwing Von Mises)

Un elemento básico en nuestras vidas.

357. **"la disciplina tarde o temprano vencerá a la inteligencia"** (Proverbio Japones)

La constancia y el enfoque en un sueño siempre nos llevaran a nuestro objetivo.

358. **"En el momento en que dudas si puedes volar, dejas para siempre de poder hacerlo"** (J. M. Barrie)

No podemos permitirnos tener dudas por mucho tiempo.

359. **"No mido el éxito de una persona por lo alto que escala, sino por lo rápido que se levanta al caerse"** (George S. Patton)

La clave está en no desanimarse por los fracasos.

360. **"Hay dos tipos de personas que te dirán que no puedes marcar una diferencia: los que tienen miedo a intentarlo y los que tienen miedo de que tengas éxito"** (Ray Goforth)

Sobre las relaciones toxicas que puedes llegar a tener.

361. **"La valentía es cuando entras en una batalla que no estás seguro de ganar"** (Jeffrey fry)

Una batalla ante lo desconocido y superando nuestros miedos.

362. **"La forma de desarrollar la confianza en ti mismo es hacer lo que temes y llevar un registro de tus experiencias exitosas"** (William Jennins Bryan)

Y volverlas a leer cuando la confianza se quiera alejar de nosotros.

363. **"Las personas son como las cristaleras de colores. Brillan y brillan cuando sale el sol, pero cuando la oscuridad aparece, su verdadera belleza se revela solo si hay luz en el interior"** (Elisabeth Kübler-Ross)

Es en los momentos más difíciles donde demuestras de que este hecho.

364. **“Los deseos son como semillas; pocos se convierten en algo si no los regamos”** (Michael Garofalo)

Si nos enfocamos en realizarlo, nuestros sueños se hacen realidad.

365. **“Está bien tener miedo. Tener miedo significa que estás a punto de hacer algo realmente, realmente valiente”** (Mandy Hale)

Debemos conocernos bien, para aprender a gestionar nuestras debilidades.

Un año ha pasado desde que iniciaste este viaje a través de 365 frases de motivación y reflexión. Un año en el que has tenido la oportunidad de reflexionar sobre tu vida, tus metas y tus sueños. Un año en el que has podido encontrar inspiración y motivación para seguir adelante.

Las frases que has leído han venido de diferentes autores, de diferentes épocas y de diferentes culturas. Pero todas ellas tienen algo en común: te han invitado a pensar, a cuestionarte y a tomar acción.

Algunas frases te han motivado a alcanzar tus metas, otras te han inspirado a ser una mejor persona y otras te han ayudado a encontrar un nuevo sentido a la vida.

Ahora que llega el final de este año, es momento de reflexionar sobre lo que has aprendido. ¿Qué frases te han marcado más? ¿Qué cambios has realizado en tu vida gracias a ellas?

Espero que este libro te haya ayudado a crecer como persona y a vivir una vida más plena.

Que las frases que has leído te acompañen a lo largo de tu camino, brindándote inspiración, motivación y reflexión.

¡Feliz año nuevo!

www.ingramcontent.com/pod-product-compliance
Lightning Source LLC
Chambersburg PA
CBHW021323160726
47994CB00004B/1583